LES M
MADAME
partent en vacances

MONSIEUR MADAME

Publié par Egmont sous le titre *Mr. Men on Holiday*, en 2015.

Traduction : Anne Marchand Kalicky.
Édité par Hachette Livre, 58 rue Jean Bleuzen 92178 Vanves Cedex.
Dépôt légal : juin 2015.
Loi n°49-956 du 16 juillet 1949 sur les publications destinées à la jeunesse.
Achevé d'imprimer par Canale en Roumanie.

LES MONSIEUR MADAME partent en vacances

Roger Hargreaves

Écrit et illustré par Adam Hargreaves

hachette
JEUNESSE

Madame Bonheur fut bien désolée d'apprendre ce qui s'était passé pendant les vacances de madame Tête-en-l'air.

Tu vois, l'année dernière, madame Tête-en-l'air était partie en vacances d'été.

Mais comme il n'y a pas plus tête en l'air que madame Tête-en-l'air, elle était partie au pôle Nord !

Il faisait un peu frisquet pour nager et ce ne furent pas vraiment des vacances d'été.

Si bien que cette année, madame Bonheur décida d'organiser les vacances d'été de madame Tête-en-l'air.

Et pour que ce soit des vacances réussies, elle invita tous ses amis.

Brochure vacances

Les Monsieur Madame furent très excités.

Monsieur Bing sauta de joie en apprenant la nouvelle.

Ce qui, à vrai dire, ne fut pas une très bonne idée.

Et tout le monde prépara ses bagages.

Madame Bonheur mit ses affaires dans sa valise.

Puis, elle alla aider madame Tête-en-l'air qui avait tout emballé dans sa bibliothèque !

Le lendemain, les Monsieur Madame prirent le bus jusqu'à l'aéroport et embarquèrent dans l'avion.

L'avion décolla enfin... une fois que monsieur Glouton eut changé dix fois de fauteuil.

Monsieur Farfelu, lui, préféra prendre sa voiture.

Le premier jour des vacances, il faisait chaud et le soleil brillait. Tout le monde décida d'aller à la plage.

En fait, ils allèrent à la plage tous les jours.

Madame Bonheur commença par montrer à madame Tête-en-l'air comment faire du ski nautique. Mais elle réalisa bientôt que ce n'était pas la seule personne qu'elle allait devoir aider.

Le deuxième jour, elle dut expliquer
à monsieur Bizarre comment faire du surf.

Le troisième jour, elle dut montrer
à monsieur À l'Envers comment manger une glace.

Le lendemain, monsieur Étonnant alla dans l'eau avec son chapeau et ses chaussures !

Madame Bonheur trouva cela très étrange, tandis que madame Tête-en-l'air trouva cela tout à fait normal.

Le cinquième jour, madame Follette fit un château de sable et madame Bonheur aussi.

Mais monsieur Méli-Mélo fit un...

… château de glace !

Pour le plus grand bonheur de monsieur Glouton.

Le dernier jour des vacances, ils organisèrent une grande partie de ballon sur la plage.

Ce fut la partie de football la plus étrange que madame Bonheur n'ait jamais vue.

Madame Tête-en-l'air passa une semaine fantastique.

Et madame Bonheur en fut très heureuse.

Tout avait été parfait.

Et pour ne jamais oublier ces merveilleuses vacances, madame Tête-en-l'air rapporta un souvenir dans sa valise.

C'était...

… son château de sable !

Quelle tête en l'air, cette madame Tête-en-l'air !

RÉUNIS VITE LA COLLECTION ENTIÈRE

1 MME AUTORITAIRE
2 MME TÊTE-EN-L'AIR
3 MME RANGE-TOUT
4 MME CATASTROPHE
5 MME ACROBATE
6 MME MAGIE
7 MME PROPRETTE
8 MME INDÉCISE
9 MME PETITE

10 MME TOUT-VA-BIEN
11 MME TINTAMARRE
12 MME TIMIDE
13 MME BOUTE-EN-TRAIN
14 MME CANAILLE
15 MME BEAUTÉ
16 MME SAGE
17 MME DOUBLE
18 MME JE-SAIS-TOUT

19 MME CHANCE
20 MME PRUDENTE
21 MME BOULOT
22 MME GÉNIALE
23 MME OUI
24 MME POURQUOI
25 MME COQUETTE
26 MME CONTRAIRE
27 MME TÊTUE

28 MME EN RETARD
29 MME BAVARDE
30 MME FOLLETTE
31 MME BONHEUR
32 MME VEDETTE
33 MME VITE-FAIT
34 MME CASSE-PIEDS
35 MME DODUE
36 MME RISETTE

37 MME CHIPIE
38 MME FARCEUSE
39 MME MALCHANCE
40 MME TERREUR
41 MME PRINCESSE
42 MME CÂLIN
43 MME FABULEUSE
44 MME LUMINEUSE

DES **MONSIEUR MADAME**

DANS LA MÊME COLLECTION :

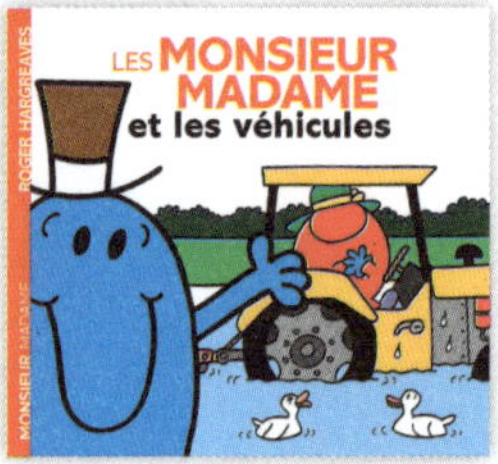